AF345986

La poesía es un arma que carga el diablo

La poesía es un arma
que carga el diablo

Vicente Muñoz Álvarez

Prólogo de Ignacio Escuín Borao
Epílogo de Gsús Bonilla

Diseño de la colección: Benjamín Escalonilla

ISBN: 978-84-125660-8-6
Depósito Legal: M-5749-2023

Prólogo:
Poesía contra la hipocresía

Por Nacho Escuín

Es difícil no vincular la poesía de Vicente Muñoz Álvarez, dada su temática, a aquello que algunos impostan y muy pocos tienen: la honestidad. «Siempre es un don», como diría Claudio Rodríguez, otro poeta de los de verdad, y al mismo tiempo una responsabilidad y una pesada carga que el poeta porta.

Vicente Muñoz Álvarez es un poeta radical, un poeta de verdad, y rompe el lenguaje si eso va a generar el efecto que desea. Tiene a su servicio unos cuantos años de oficio poético y un sinfín de lecturas que van de la mejor literatura *beat* al realismo más descarnado.

Conocí a Vicente Muñoz a través de otro poeta fascinante, David González, que nos acaba de dejar huérfanos de poesía y realidad, y aún recuerdo esos poemas recitados como balas contra todo aquello que o no le gustaba o no podía soportar. Es algo más que una estética que ambos comparten, por supuesto, se trata también de una sensibilidad excepcional y que en ocasiones los deja desprovistos de todo abrigo ante el frío y los disparos de los otros.

Vicente Muñoz Álvarez es un poeta extraordinario, de los que cada vez hay menos, y ha tomado un camino, seguramente, más complejo pero mucho más interesante y ético. Cada vez que me pongo ante uno de esos poemas, cortados los versos, en ocasiones, como si fueran aforismos, no puedo hacer más que cerrar los ojos y querer ser exactamente como él: alguien importante que todo lo que dice es desde la verdad.

Este, amigo lector, no es un poemario fácil. Se trata prácticamente de una confesión. Es posible que en estos tiempos en los que nadie quiere mojarse demasiado, la lectura del libro pueda parecer rotunda y contestataria. Y lo es, por supuesto que lo es.

Puedo aseverar que en este libro no hay menos compromiso que el de grandes como Celaya, Machado, Blas de Otero o Miguel Labordeta. Y ese compromiso es también con el lenguaje y la búsqueda de las palabras justas. Eso hacen los buenos poetas, retiran todo aquello que sobra en el poema para dejarlo en lo esencial, en aquello que de verdad define una vida.

Pronto tomará de nuevo la carretera y recorrerá España observando atento todo lo que sucede en todos los lugares que va a visitar. Con un poco de suerte nos lo encontraremos o veremos esto mismo desde sus propios libros (ya publicados y los que han de llegar).

Nada tiene más fuerza que la verdad y la verdad es mirar de frente a la vida y afrontar todo lo que venga con valentía y sin perder nunca el verdadero objetivo: ser un poeta por encima de todas las cosas y un individuo que da ejemplo cada vez que abre la boca.

Quizá un día nos lo crucemos en nuestras vidas o caiga en nuestras manos una de estas joyas. Mientras tanto lo que nos queda es pensar en estos poemas como balas que no rehúyen un posicionamiento político ni buscan ser blandos o muchas cosas a la vez.

A mí lo que me queda es intentar parecerme un poco a él, y ser así: honesto, radical y un pedazo de poeta.

En Teruel, 17 de febrero de 2023

La poesía es un arma
que carga el diablo

Para David González

In memoriam

*Todo hombre tiene un diablo
y no descansa hasta encontrarlo.*

Michael Wincott

PRIMAVERA SIN LUZ

FALLEN IDOLS

entre el infierno
y el cielo

el demonio
y el ángel

el purgatorio
y la tierra

el hombre

un lobo
para el hombre

con piel de cordero

CONFINADOS

días sin huella

lágrimas que anegan

nuestro corazón

CUENTO LAS HORAS

entre Villaobispo
y León

a cuatro kilómetros
de distancia

un muro
entre la libertad
y el amor

cuento

desde mi celda

las horas

UBIK

yo estoy vivo
y vosotros
estáis muertos

decía Runciter
en *Ubik*

o era al revés

yo estoy muerto
y vosotros
estáis vivos

ya no recuerdo

CASTAS & PARIAS

más que nunca
en este país

en plena
democracia

ciudadanos de primera
y de segunda clase

castas y parias

según tu trabajo

privado o público

y en qué orilla estés

NIGHTMARE

ser autónomo
en España

ahora

la peor pesadilla
que puedas
imaginar

RARO Y CONFUSO

25

no me concentro
del todo en nada
estos días

libros películas
sensaciones

solo aguantar
y esperar

cómo y cuándo
volver a empezar

si habrá luego
futuro libertad

y qué será del mundo
qué quedará

todo raro y confuso
estos días

me tengo
que concentrar

ARDIMIENTO

doliendo
cegando
oprimiendo
asfixiando
quemando

arden

encarcelado

los días

SE ESTÁ PONIENDO FRÍO

es lo primero
que he pensado
al abrir la ventana
y ver a punto
de estallar
la tormenta
desde mi celda

a cuatro kilómetros
escasos de la tuya

pero
infranqueable
aún

amor

abrígate

CUANDO LA HEMBRA DEL CÓNDOR MUERE
EL MACHO SE SUICIDA

donde menos te lo esperas
lo he pensado siempre
puede encontrarse el poema

este en concreto
hace ahora catorce años
en Bariloche

durante una travesía por los Andes
una pareja de cóndores majestuosos
planeando sobre nuestras cabezas
y el siguiente comentario
del guía de la expedición

*cuando la hembra del cóndor muere
el macho vuela muy alto
se cierne un instante en el cielo
y se precipita a continuación al vacío
presa del dolor y el desamor
para estrellarse contra las rocas*

por qué
escribo esto ahora
y no en su día
es otro de los misterios
de la poesía

no importa cuándo
ni cómo la encuentres
sino el prisma
por el que la observes

y poderlo luego contar

AL INTERIOR

de ahí
al fondo
bajo las costillas

bombeando
palpitando
ardiendo

un lugar llamado
corazón

CAMINO DE SWANN

esas polaroids
de mi infancia
que rescató del baúl
de los recuerdos
mi hermana
para felicitarme
el cumpleaños
el otro día

con mis padres
en Papalaguinda
cuando aún
éramos reyes

ahora

bálsamo
de ensoñación

SIN RUMBO

estos días oscuros
de confinamiento
y deriva

solo en casa
mientras naufraga
afuera el mundo

alienado desubicado
desnortado perdido

y a los que
nos han encerrado

no los olvidaré

PUNTO DE ENCAJE

la serenidad
la armonía
el puente
el equilibrio

tan cerca
o tan lejos

cambia
la perspectiva

TODO NOS SABE A POCO

queremos
siempre más

un rizo sobre
otro rizo

y nada nos satisface
llena complace

y no aprendemos
nunca la lección

tener o no tener

no tener y tener

sombras del ego

CASINO

a veces

tantas

la desilusión
el desencanto
la angustia

otras

en cambio

el sosiego
la magia
la ensoñación

con esas cartas
tienes que sobrevivir

medita bien
la partida

EN MIL PEDAZOS

romperte
en mil pedazos
de la noche
a la mañana

moral social
y económicamente

y tener que
reconstruirte luego
de los escombros

a ver

me pregunto

qué sale de ahí

REMEMBER

37

las becas
las ayudas
las prestaciones
las subvenciones

son para los que
las necesitan

recuerdo que me decía
mi madre de niño

mañana las podremos
necesitar nosotros o tú

eran de clase media
mis padres

pero más solidarios
que muchos

BÉSALA MIENTRAS DURE

veo a mi perra
tumbada en la alfombra
observándome atentamente

desde que su mundo
es mundo a mi lado

las cataratas
que velan sus ojos
las canas
que cubren su hocico

cómo envejece

y al verla me veo a mí

y a mis padres
y amores y amigos

los seres que más
he querido

y pienso

bésala mientras dure

celébralo

ENTROPÍA

tres cuartas partes
de lo que oímos
durante la pandemia

prescindibles

cuando no dañinas

cansado
de escuchar

REINA EL CAOS

en la boca
en los ojos
en las manos
en la cabeza

dentro de mí
la palabra

fuera
el estruendo
y el caos

el ruido

ABYSS

tres meses ya
descendiendo
y cayendo

cada vez más abajo
más profundo
más hondo

y sigo aún
sin tocar fondo

en algún momento

me digo

tendré
que empezar
a subir

LA CONCIENCIA
ES UNA ENFERMEDAD

hacer bien
las cosas
en la vida

como
me enseñaron

en el trabajo
en la amistad
en el amor

cuánta presión

y los demás

me pregunto

qué

DÓNDE ESTABAS TÚ EN EL 68

no solo en el 68

durante
el confinamiento
también

soñamos
un mundo mejor

sube la apuesta

TÍTERES

la sociedad
la realidad
este mundo
la vida

un montaje
que no sé gestionar

hay piezas en él
que no encajan

seguramente yo

cuál es mi sitio

TODO LO DEVORA EL TIEMPO

oigo a la pareja
del segundo gritar

sinvergüenza

se repiten
el uno al otro

hijo de puta

atravesando
los tabiques
de mi habitación

placer y dolor

amor y desamor

como las hojas
que se lleva el viento

todo lo devora
el tiempo

VIDA DE LAS MARIONETAS

no sabemos
para qué
ni por qué

pero sí
que nos están
engañando

no encajan
las piezas

no cuadran
los datos

tontos quizás

pero no tanto

RECUÉRDALO

siempre
omnipresente

como la muerte

la posibilidad
de malgastar tu vida

nunca lo olvides

PERLA Y ARENA

ser estar
mecerse
flotar

como
las olas
del mar

yendo
y viniendo
a la par

AMOR DE PERRA

quince años
de amor verdadero

y la misma pasión

no nos cansamos

PRESIÓN

la que te mete
el Sistema
en la sangre
y el corazón

qué daño hace

LAS PARTÍCULAS ELEMENTALES

de cómo la roca

frente a
las inclemencias
del tiempo

fuego nieve
agua viento

se termina
por deshacer

y adónde van
sus partículas

esa energía

en qué
se transforma

SELECTOR DE RECUERDOS

olvido
demasiado pronto
las cosas que
me hicieron daño

y al revés

nunca las que
me hicieron feliz

no sé si buena
o mala elección

ARDEN LOS DÍAS

se estrechan las paredes
de mi caja de hueso

lo que soy
y siento y deseo

y pasan mientras
los días

lenta y extraña
pasa la vida

dentro de mí

como alquitrán

arden los días

ARMISTICIO

otras veces

en cambio

se apagan las llamas
sientes dentro la magia
el milagro de estar vivo
la dicha de la ensoñación

piensa en ello
en los días sin huella

piénsalo

SE DUERME EL QUE ACARICIA

55

si me acaricias las orejas
me quedo dormida

me confesó tímidamente
una noche de insomnio

y comencé
a acariciárselas
suavemente

lenta y suavemente

hasta que empecé
a dormirme yo

te estás quedando
dormido tú

me dijo sonriendo

y yo para justificarme
contesté

se duerme
el que acaricia

y caí rendido en sus brazos
hasta la mañana siguiente

desde aquel día

sortilegios del amor

nos repetimos
cariñosamente
esa frase a veces

*se duerme
el que acaricia*

un clásico ya
en nuestra relación

y aún seguimos
brindando por ello

BLACK HOLE

toda la vida
echando arena
sobre tu pozo

no hará
que se vaya
a llenar
de sentido

el fondo

vacío

SAETAS

como espinas
como puñales
como saetas

también
atraviesan
las palabras

a veces

el corazón

ALTE MEISTER

cientos de libros
sin leer aún
en mi biblioteca

y vuelvo
una y otra vez
a los Maestros
antiguos

no me abandonan

CIERRA LA MANO Y SOPLA

pon en la palma
de tu mano

como si fuera
un tesoro

tu mayor deseo

ciérrala y sopla
y ábrela otra vez

está o no está

la magia

depende solo de ti

SOL EN LA TIERRA

tras varias
semanas de lluvia

como una
bendición

sol al fin
en la tierra

dentro
y fuera de mí

disipando
las tinieblas

AMOR DEL BUENO

tanta poesía
vanguardias
y versos

y al fin
y al cabo
todo se reduce
a esto

amor

si es bueno

CRUZADA

la sangre es vida
y este es mi cuerpo

me repito
cuando me pierdo

busca al fondo
el Grial

ZONA

54 años

ser amado
y estar vivo

poco importa
el resto

BOSQUE DE WEIR

El dinero es el estiércol del diablo.
Giovanni Papini

EL ORIGEN

mi colegio

aquel presidio
de ladrillo rojo

y en sus celdas

de negro

los curas

las amenazas
los castigos
los deberes
de los curas

en esa escuela
crecí

HISTORIA PROHIBIDA

lo que pudo
haber pasado

lo que nos
han contado

o lo que
realmente pasó

cuál es
la Historia

LA COSA SE PONE FEA

cada gesto
y mirada

movimiento
o trinchera

disidencia
opinión o lágrima

lo que somos
querríamos
y podríamos ser

controlados
por el Poder

la cosa
se pone fea

QUISE Y NO PUEDO

imposibilidad de vivir
conforme a los cánones
que me inculcaron

religiosos políticos
económicos y morales

y el desasosiego
que ello implica

a la hora de escribir

CÓMO SE ENCIENDE UNA HOGUERA

si el mundo
no cree en ti

da igual en qué
personalidad
y faceta

dejas tú
de creer en él

y esa incredulidad
se expande
como la gasolina

después
la hoguera

EN CADENA

como un
castillo de naipes
desmoronándose
torre a torre

pieza a pieza

el comercio
en este país

ve apurando
tu copa

amigo

LUZ QUE AGONIZA

la manipulación la hipocresía
la neurastenia el desencanto
la frustración la soledad
la falsedad la impostura
el fingimiento el desengaño
la depresión la adulteración
la náusea el miedo

males endémicos
de nuestra sociedad

que agoniza

con distintos bozales

en el mismo lugar

UNFORGIVEN

siento que
tras la pandemia
he envejecido
diez años

física mental
y espiritualmente

nunca lo olvidaré

MISTERIOS DE LA CARNE

qué cantidad
de heridas

cuántas

aún no cerradas

en el corazón

MERCADO LIBRE

lo que
te quieren
vender

te sugieren
está bien visto
hacen los otros
pide la sociedad

y lo que
te quieren
comprar

ser tú mismo

la mercancía

CONTRACORRIENTE

cuando creo que
ya no puedo más
otra fuga más

cuando pienso
que todo está ya hilado
y controlado en mi vida
otra tormenta más

cansado de arriar
las velas

LA VIDA ES UNA TÓMBOLA

en cada momento
de la Historia

según en qué
lado estés

te tratará

lo tengo ya claro

GIALLO

hipocresía

todos los colores de

la oscuridad

AÚN LEJOS

algo
desconcertante
y extraño
que me hace
soportar
estoicamente
cada naufragio

la orilla

sin embargo

lejos

ALIENACIÓN

todas esas cosas

que nos enervan
que nos enferman
que nos distancian
que nos enfrentan
que nos ocultan
que nos alienan

existen

o nos están
engañando

y con qué fin

DARWIN TENÍA RAZÓN

básicamente

si lo analizas

es una cuestión
de poder

para adaptarse
para mimetizarse
para perpetuarse
para sobrevivir
para medrar

como
en la jungla

cuál tu liana

CREDO

todos tenemos la culpa
de lo que pasa
en la Tierra

vosotros de lo que
nos pasa a nosotros
y los otros de lo que
te pasa a ti

salvo los políticos
y los dioses

da igual la bandera
y el credo

ellos no

FERIA DE MONSTRUOS

qué decadente todo
en esta feria surrealista
de monstruos

la hipocresía
la mentira
el oportunismo
la entropía
la distopía
el simulacro
el caos

pasen y vean

GRAVEDAD

todo lo que sube
tiene que bajar

o

para sobrevivir
me tengo que arrodillar

a ver si me aclaro

PARQUE JURÁSICO

este es
un poema
que arranca
a mediados
de los años 60

en plena dictadura

con todo
lo opresivo
y depresivo
que ello implica

y continúa
hasta aquí

54 años después

en plena distopía

mi deber
como poeta
es contarlo

POR UN PUÑADO DE EUROS

o de cómo

en el fondo

depende todo
de eso

quién te compra
y te vende

en la vida

y a qué precio

DEL BARRO

qué tremendamente
salvaje y cruel

nuestra Historia

llena
de monstruos
y dioses

sangre y arena

nosotros

el pueblo

siempre
en el barro

BOSQUE DE WEIR

que nos defraude
el lado derecho del bosque

lo dábamos por sentado ya
desde hace décadas

que nos defraude
ahora el izquierdo

igual de estrepitosamente
pero con alevosía

no

cambian las metas

POESÍA SOCIAL

es la que denuncia

objetivamente
y en cada momento
de la Historia

lo injusto y aleatorio
de cada sistema

no está de más
recordarlo

CÓMO CORROMPE EL PODER

las promesas
los ideales
las utopías

lo que aseguraban
que iban a hacer

lo que pudo
haber sido
y no fue

la derecha
y la izquierda

mentira

TELÓN DE ACERO

la gente quiere
verte sonreír
estar aparentar

en el momento
en que no es así
desaparece

lentamente

el telón

cae

QUERIDO THOREAU
QUE ESTÁS EN LOS CIELOS

rebelarse contra
un sistema de Poder

o contra todo
sistema de Poder

sin ataduras

gran diferencia

EDAD DE PIEDRA

jamás
la sociedad
española

tan enfrentada
dividida rota

si esto es
la globalización

benditas cavernas

NO THOUGHT CONTROL

cómo suenan
los discursos de ahora
a los de antes

cuando el mundo
explotó

los mismos argumentos
las mismas excusas
los mismos métodos

con distintos
collares

qué miedo

MONTSEGUR

la política hoy

para los puros

un vertedero

traición
hipocresía
manipulación
alevosía

o ser tú mismo
la hoguera

el Reino
de los Cielos

LA TIERRA Y LA NADA

la modernización
o la involución

la manipulación
o la desinformación

la globalización
o la inquisición

y el pueblo

nosotros

último eslabón
de la saga

MAN ON WIRE

como
te descuides
despistes
tropieces
asustes

caerás

si no estás
siempre alerta
y en guardia
con todo
en la vida

caerás

y agota tanto
ese juego

CÓMO EL VIENTO EROSIONA LA ROCA

todas esas cosas

la política
la economía
la manipulación
la hipocresía

que como el viento
van erosionando tu roca

tu aguante
tu paciencia
tu resistencia

cómo desgastan

a la larga

cuánto

CASA USHER

una grieta
imperceptible
cruzándome
el cuerpo

de la cabeza
a los pies

de los cimientos
al techo

y un lago
de aguas profundas
debajo

vértigo
por la caída

AGOTADO

de escuchar
de condescender
de contemporizar
de callar de obedecer
de no entender

agotado
de esperar

mejores tiempos

SIN VUELTA ATRÁS

siempre pensé
que la política
y la poesía social
dependían de la gestión
de las cosas

bien o mal
equitativas o no
justas o injustas

no de quién
las gestionara

una vez más

tremenda decepción

ANTES DEL DILUVIO

105

pan y circo

sangre y fuego
hasta que
arda Roma

luego el diluvio

GLOBALIZADOS

el mundo
es un coto
y tú eres
la presa

si no
lo compartes

cuál el refugio

la selva

dónde

TOLERANCIA CERO

de los hunos
contra los hotros

que diría Unamuno

y al revés

de los hotros
contra los hunos

de eso

pura involución

parece que va
el juego

VIGAS QUEMADAS

algo irreparable
dentro de mí

en la cabeza
en la espalda
en los nervios

tras estos
meses aciagos

crujen

como vigas
quemadas

mis huesos

LO QUE TENSA LA CUERDA

el no llegar jamás

hagas lo que hagas

a lo que exige
la sociedad

ser perfecto
en un mundo
imperfecto

y el no recibir
nunca de ella
lo que necesitas

esas carencias

LA PASIÓN SEGÚN FACEBOOK

happy flower 10

literatura 5

psicología 0

voy aprendiendo

EL FILO DE LA NAVAJA

lleno de dudas
contradicciones
y miedos

al filo de la navaja

bajo el volcán

me miro por dentro
y al menos me identifico

frente a la mansedumbre
contra el adocenamiento
frente a la conformidad

GIRÓVAGOS

esa sensación

pase lo que pase
y dirija quien dirija
la orquesta

de que lo que
nos venden
no es suficiente

tiene que haber
algo más intenso
auténtico verdadero

que siempre
está más allá

hacia rutas
salvajes

dónde
y de qué modo
llegar

tan lejos

A VUELTAS CON EL CANON

con lo que
nos dicen
que tenemos
que hacer
y sentir

antes durante
y ahora

cómo estar
y figurar
en la Tierra

poética moral
y sociológicamente
hablando

quién nos
lo impone
y por qué

y hacia dónde
nos está llevando

ESPLÍN E IDEAL

este agotamiento
tan grande de mí

tras el confinamiento

de nosotros
vosotros y ellos

y esta necesidad imperiosa
de buenas noticias

nuestras
vuestras o de ellos

en eso
se resume todo
estos meses

LOS PECES ROJOS

como un acuario
lleno de peces rojos

nuestra cabeza

acotada
por mil límites
y fronteras

y la mano
que desde arriba
les da de comer

pienso
para las bestias

COMO HOJAS ARDIENDO

este insoportable calor

que derrite el cerebro
que enerva y confunde
que agosta y enferma
que abrasa por dentro
que todo lo quema

y lo que hay fuera

tiempos salvajes

para el corazón

A SANGRE Y HIELO

una civilización
y cultura

sobre otra cultura
y civilización

estrato
sobre estrato

cadáver
sobre cadáver

generación
tras generación

y en la punta
del iceberg
nosotros

ahora

debajo
el hielo

URGENCIA DE SER PIEL ROJA

sin que nos digan
lo que tenemos
que hacer y sentir

cómo interpretar
el mundo

en el feudalismo
en el fascismo
en el comunismo
en el surrealismo

dejadnos ser

EL ROJO Y EL NEGRO

para la derecha
rojo

y para la izquierda
negro

tierra de nadie

mi único reino

LA POESÍA ES UN ARMA QUE CARGA EL DIABLO

Apunta bien y mira al diablo a los ojos.
Frank Miller

EL DIABLO Y ROBERT JOHNSON

dos tipos
muy diferentes
de opciones
y estilos

en la vida
en el camino
en la poesía

la ficción
el artificio
y la huida

o la realidad
la introspección
y la crítica

tú decides
las notas

y la música
que vas a tocar

HÉROES

dónde está
ahora El Ángel
dónde Dylan Thomas
dónde Malcolm Lowry
dónde William Blake

dónde está Bukowski
dónde Thomas Bernhard
dónde está Jack Kerouac
dónde Jean Genet

dónde está
ahora Burroughs
dónde Henry Miller
dónde está Céline
dónde Baudelaire

solo queda
de tanta pasión
sus letras

don o maldición

no lo sé

BLACKBIRD

ocho y diez
de la mañana
de un martes
cualquiera de julio
frente a la pantalla
en blanco del ordenador
intentando encontrar
la palabra adecuada
la cadencia y el ritmo

por qué y para qué

me pregunto

30 años escribiendo
y esta frustración
este vacío

la literatura no
me ha revelado nada
hecho más sabio
mejor persona
llevado a ningún sitio

ajenos a la poesía
cantan en la terraza
dos mirlos

ellos son el poema
no las ideas las palabras
el sentido o el símbolo

30 años intentándolo

no lo había
interpretado
aún bien

GRABADO A FUEGO

aquella noche

la tengo grabada
en mi memoria a fuego

en un bar cuyo nombre
no mencionaré

aquella poeta
desnortada
me dijo

*mal Vicente
estoy mal*

*le envié mi libro
al Maestro Zeta
y me contestó
dedícate a otra cosa*

eso me dijo llorando

y a modo de credencial
me enseñó una carta manuscrita
que lo testificaba

la leí

cuatro líneas
explicando

tu intención
e impulso es sincero
pero dedícate a otra cosa

la poeta
a los pocos días
se suicidó

y el Maestro Zeta
aún sigue vivo

han pasado 20 años
desde entonces

pero lo recuerdo
como si fuera ayer

EL DIABLO SE LLEVA
A LOS MUERTOS

según
Mario Bava

pero
y a los vivos
quién

quién

graznan
los cuervos

CABALLO DESBOCADO

vivir
de la literatura

con todas
las servidumbres
que ello implica

éticas políticas
y sociales

o para
la literatura

desterrado
ninguneado
al margen

tarde o temprano
tendrás que elegir

CON LOS DEDOS DE UNA MANO

unas pocas personas
de confianza en la vida

las que nunca fallan
las que siempre escuchan
las que jamás juzgan
las que no traicionan
las que siempre están

salvándote
de los naufragios

que no falten
nunca

CUADRO ESCOCÉS

en la terraza
de mi casa
esta tarde nublada
de agosto

justo a punto
de comenzar
a vender zapatos

con *El poder del ahora*
en las manos

observo de reojo
mis zapatillas
y mis pies

puro mandala
y cuadro escocés

estar presente
ser testigo
estar alerta

me susurran

no pienses
no proyectes
no analices

sé

PURO CORAZÓN

no es la cantidad
de la cosecha
lo que importa
en un huerto urbano

limitado
por el espacio
y la tierra

sino la calidad
de los frutos que da

la magia
y fascinación
del regalo

perlas brillando
bajo el sol
en tus manos

puro corazón

LOS OLVIDADOS

la mayor parte
de los poetas
consagrados
por el canon
de este país

me parecen peores
que otros muchos
que conozco
y ningunea
deliberadamente
el sistema

por qué

me pregunto

no lo tengo
aún claro

DÓNDE LA PERLA

si aquí o allá
dentro o fuera
o en qué lugar

algo que
dé sentido
a todo

vivir amar
estar

y cómo
encontrarla

cuál el camino

AFINIDADES SELECTIVAS

tanta gente
en mi vida

en cada rincón
y apeadero

en cada puerto
y andén

en cada vagón
y estación

miles de personas
entrando y saliendo
sin sentido de mí

para qué

sobra la mayoría

MALAS CALLES

para entender
cómo va el mundo

lo que de verdad
pasa en la calle

me decía mi padre
cuando empecé
a trabajar con él

una larga ruta
de calzado conmigo

lo que te cuentan
los clientes
de sus tiendas

hijo

su odisea
y naufragio

escríbelo

QUÉ DIRECCIÓN

como un volante
en las manos

para evadirnos
para anestesiarnos
para complacer

la poesía

o como un arma
de resistencia
y poder

para conocernos
para interrogarnos
para comprender

cambian

según qué horizonte

los versos

EL MUNDO CAMBIA TAN RÁPIDO

mira los pies de la gente
que pasa por la calle

me dice una clienta
en la puerta de su tienda

en pleno centro
de Valladolid

hombres mujeres
y niños con deportivos

desde el covid
ya no se venden zapatos

la gente
compra por internet

el mundo cambia
tan rápido

NUNCA SE ACABA EL POEMA

de los distintos modos
de obsesionarse
con algo en la vida

con el trabajo
con el dinero
con la política
con el oportunismo
con el idealismo
con el nihilismo
con la utopía

y sus consecuencias

nunca se acaba
el poema

HUMITO

más quemao
que la pipa
de un indio

tal vez

pero dejando
mi corazón
en todo
lo que hago
en la Tierra

aún

ser testigo

ÍCARO

la poesía

esa visión
que viene
y que va

te abandona
o vuelve

ilumina
o abrasa

como el amor

según qué
circunstancias

DEL SENTIDO DE LA VIDA

qué tiene
realmente sentido
en la vida

qué cosas
proyectos
personas

merecen
de verdad
la pena

y por qué

antes de tirar
la toalla

pregúntatelo

AUSENCIA

todas las mañanas

desde que murió
mi perra

en vez de pasear
por el bosque con ella

salgo a andar en bici
para intentar llenar
su vacío

pero no es en absoluto
la misma terapia

ni el calor de este verano
ahuyenta el frío

FARO

extraño viaje

la vida
la poesía
la sangre
el corazón

solo lo salva
el amor

a veces

RAZÓN DEL POEMA

día tras día

verso tras verso

libro tras libro

busco dentro de mí
la razón del poema

cómo
y para quién
escribir

con qué
sentido intención
con qué fin

eterno dilema

POR SER TÚ

de repente
y sin saber por qué

ni imaginarlo siquiera

gente que no es ya
tu amiga en face

que pasa
del me encanta
al me gusta
de la pasión al rechazo
y del hoy te quiero
a mañana no

por ser tú

no me acostumbro
a este juego

LA BESTIA DENTRO

toda la vida
intentando domarme
cultivarme pulirme
hacer bien las cosas

y no lo consigo

ser buen amigo
pareja hijo
redimirme aplacarme
serenarme

y no lo consigo

por exigirme tanto
a mí mismo

como me enseñaron

dónde el camino

CÓMO PUEDE DESTRUIR
EL ARTE A LOS ARTISTAS

cómo se aíslan
obsesionan
y distorsionan
sus vidas

hasta
la extenuación
y el caos

por qué

CARNE DE LOBO

el mundo
y los lobos

el trabajo
y los lobos

la sociedad
y los lobos

la utopía
y los lobos

la amistad
y los lobos

la poesía
y los lobos

carne para
Frankenstein

MUNDO AL REVÉS

porque
para mí al menos

tal cual está yendo
todo últimamente

da igual hacia
dónde mire

lo es

la política
corrupta y podrida

la literatura
complaciente

la humanidad
indolente

y el camino
al revés

de los pies
a la cabeza

no de la cabeza
a los pies

qué decadente todo

DO IT

olor a carne
quemada

pero también
bornes y corazón

haz de ello
poesía

MUERTE A CRÉDITO

155

cambian
los escenarios
los actores
los directores
el decorado

el guion
de la película
no

violencia pura

DEL OTRO LADO DEL BOSQUE

toda esa gente

del otro lado
del bosque

que pasó
por tu vida

ardiendo
iluminando
quemando

como cometas
errantes

y sus cenizas

polvo de estrellas

EN PRIMERA PERSONA

poesía y vida

vida y poesía

o qué debemos
al margen
de nuestras vísceras
poetizar

qué de ti
le interesa
a los otros

en qué
se identifican contigo
y cómo refleja
a la sociedad

de lo particular
a lo universal

no es tan sencillo

CUANDO LLEGA EL OTOÑO

esa sensación
de extrañamiento
y deriva

desde hace
tantos años ya

de tener que ir
a vender zapatos
en otoño
y en primavera

abandonar mi hogar
y disfrazarme
de hombre cuerdo

pase lo que pase
en la Tierra

qué aleatoria
y arriesgada

siempre

mi guerra

DEL SENTIMIENTO TRÁGICO
DE LA POESÍA

tenerlo
y padecerlo
o no

ver de color
negro lo rosa
difícil lo fácil
y trágica
en vez de cómica
la poesía

y de cómo afecta
a cada poeta
esa visión

sus consecuencias

INSTINTO BÁSICO

desde
que el mundo
es mundo
y la vida poesía

como la noche
y el día

dos instintos
básicos

que se te entienda
o que no

y por qué
y para qué

en ambos casos

MANTRA

vender calzado
en primavera y otoño
para poder escribir
el resto del año

un mal menor

me repito
como un mantra
mientras avanzo
en la ruta

ya vendrá luego
la ensoñación

DÓNDE

toda la vida
persiguiendo
un destello

ese lugar
dentro de mí
que lo ilumine todo

dónde

FACE OFF

me recuerda
facebook cada día

para lo bueno
y lo malo

lo que fui
quise ser
y lo que soy

cómo evoluciono
e involuciono

ese duelo
conmigo mismo

extraña forma
de vida

NO ES PAÍS PARA AUTÓNOMOS

escribir poesía
recibir golpes
vender zapatos

ser estar
sentir cómo
pasan los días

cómo se esfuma
la vida

tan callando

EREBUS

este sube
y baja constante
de las neuronas
de mi corazón

este no saber
a estas alturas
de mi película
si soy bueno o malo

como escritor y persona
como amigo y pareja
como hijo y hermano

esta deriva
y este continuo vaivén

a dónde me lleva

a qué paso

destino

norte

NO CAMBIA EL DILEMA

cuando miro
hacia atrás sin ira

después
de tantos años

cada vez más
pero con menos pasión
y más desapego

libros héroes
guetos y vetos

y hago balance
de ruta

pienso

todo tiene un precio
en la vida

ser o no ser

poeta

elegí lo primero

PARA TODA LA VIDA

admiración
y respeto
por las parejas
para toda la vida

pingüinos termitas
cisnes palomas
orcas lechuzas
albatros grullas
hipocampos castores
nutrias antílopes
buitres lobos

y los humanos
también

a veces

A TODA VELOCIDAD

el estrés la soledad
la carretera el calzado
la furgoneta las maletas
la lluvia los ansiolíticos
las gasolineras los semáforos
los comercios los atascos
los clientes los impagos
los desahucios los traspasos

en los días de ruta

a toda velocidad

AÚN

entre tirar la toalla
y limpiarse con ella
el sudor

hay siempre
un sutil trecho

la distancia
entre el algodón
y el frío

la trinchera
y la guerra

la sangre
y el corazón

justo en medio

el poema

PISTA HACIA EL CIELO

estos días
de otoño
amarillos

antes
de terminar
la ruta

el bosque
a punto
de caramelo

la carretera
como una pista
hacia el cielo

y la visión
de lo que está
por venir

adoro ese embrujo

TANGO FEROZ

estar siempre
en el lado perdedor
de todo en la vida

en el trabajo
en la economía
en la poesía
en la utopía

salvo en el amor

aún es más fuerte

CASA DEL SOL PONIENTE

no he escuchado
nunca en mi vida

tras muchos años
de oficio

a un poeta realista
que diga de otra poesía

surrealista simbolista
hermética críptica

que no lo es

que aburre que encubre
que finge que cansa

sí

pero qué es
y no poesía

no

FIN DE ESTACIÓN

se termina
el otoño

los días
se hacen
más cortos

las noches
se hacen
más largas

encanecen
mis sienes

sigo caminando

aunque no sepa
hacia dónde

al amanecer

TRICHOLOMA PORTENTOSUM

pasan los años
los ciclos las crisis

los éxitos
y los fracasos

los amores
y los desamores

las estaciones
y las emociones

pasa la vida
el ego la vanidad

la juventud
y la fatuidad

lo que fuimos
seremos y somos

y ellas siguen ahí

al margen
del mundo

renaciendo
entre el musgo

desafiantes
y eternas

qué gran lección

FIN DE RUTA

volver
de la guerra
a casa

caminando
sobre las brasas

aún queman
los pies

INVIERNO EN LA TIERRA

el cielo cubierto
de nubes bajas

la nieve a punto
de caramelo

el viento
silbando fuera

la chimenea
rugiendo dentro

afuera el temporal
y el frío

dentro el calor
y la calma

afuera la escarcha
y el ruido

dentro el silencio
y la paz

viejas películas
y libros para soñar

bendita soledad

EL GRAN AZUL

día de sol radiante
de invierno leonés

a seis grados
bajo cero

y el gran azul
en lo alto

a ver quién supera
este cielo

PUZZLE

ese trabajo
tan aleatorio
y subjetivo
de seleccionar
estructurar
y encajar

como un guante
de seda forjado
en hierro

los poemas
de un libro
tras haberlos
escrito

tremendo dilema

VIENTO Y CENIZA

A Rodrigo Córdoba

qué difícil
para los que seguimos
decir adiós
a los que se van

vuela alto
que la tierra
te sea leve
descansa en paz

solo palabras
y lágrimas

viento y ceniza

qué corto el viaje
qué breve la vida
qué efímero todo

qué triste

OSCURO COMO LA TUMBA
DONDE YACE MI AMIGO

nadie es profeta en su tierra
hasta que se encuentra
enterrado bajo ella

David González

se nos van yendo

como estrellas fugaces
como cometas errantes
como perlas bajo la arena

los mejores poetas
de nuestra generación

ninguneados
por el *establishment*
y el canon

desterrados
martirizados
auténticos

lágrimas

sobre Babilonia

en la lluvia

DE NO FICCIÓN

poesía y vida

vida o poesía

qué va primero

VOLÁTIL Y PASAJERO

todas esas ilusiones
y proyectos

en los que invertimos
tanta esperanza
y esfuerzo

como las nubes
que por encima
de nosotros pasan

volátiles
y pasajeros

LA POESÍA ES UN ARMA
QUE CARGA EL DIABLO

de vez en cuando
alguien que cuenta
la verdad

sin filtros
ni ataduras

uno entre cientos

logra llegar

los demás
van al infierno

gajes de la literatura

ESSENCE

me voy alejando

cada vez más

de los fuegos
de artificio
de la literatura

cada vez todo
más nítido en mí

como lector
y escritor

busco la esencia

LA NAVE VA

como el epílogo
de una película
de Fellini

decadente
y crepuscular

la nave
de la vida va

tú eres la meta

DAVID Y LOS LOBOS

Fue tanto dolor ayer, físico y mental, por la muerte de David González, una tristeza tan grande en mi corazón, que decidí hoy echarme al monte e ir a ver a mi colega Carlos a Sopeña para oxigenarme por dentro... Aunque habíamos quedado ya hace unos días, a punto estuve de posponer la cita esta mañana, después de soñar toda la noche con David, en un hostal de algún lugar perdido en la Tierra charlando para dar al día siguiente una lectura, como tantas y tantas que en tantos sitios dimos, pero al final, nublado por mis propias tormentas, me subí a la furgo y en Sopeña, como un ánima en pena, me presenté... El plan, como todos con Carlos, no podía ser más tentador para salir de mi pozo: ir en pleno invierno a la Reserva del Pardomino para ver en unas cámaras ocultas en el bosque si había tomas de lobos de cara a uno de sus documentales... Aunque durante el camino me asaltaron, después de ver las noticias en la prensa de ayer, todo tipo de fantasmas y espectros, y en especial uno en concreto: el de Modigliani en *Los amantes de Montparnasse* (una película que, por cierto, David admiraba y de la que hablamos docenas veces), ya en sus últimas horas agonizando en las calles, y su tratante de arte (magistralmente interpretado por un repulsivo Lino Ventura) siguiendo como un buitre sus pasos y esperando su muerte, para ir luego a casa de su amante, Jeanne Ebuterne, a malcomprarle sus cuadros antes de que su cotización en el mercado se centuplicara... Eso, esa imagen rondando como una pesadilla sobre mi cabeza durante el camino a Sopeña, y tantas otras cosas que había estado hablando con mi chica ayer —que pronto las biografías, las antologías y la especulación—, hasta que llegué al fin a la casa de Carlos y volvió a correr la sangre en mis venas: los bosques nevados, las cumbres gigantescas a lo lejos, las enseñanzas de Don Juan de nuevo, la ascensión sobre el hielo en raquetas, el aire puro del monte, y al final, sí, las cámaras ocultas entre los matorrales, varias tomas vacías, y de repente los lobos: ahí estaban, una pareja de amantes atravesando feroces y altivos la senda, ajenos al mundo, libres y auténticos, delante de nuestros iluminados ojos... Y volví a pensar de nuevo en David, pero esta vez, bajo los tímidos copos de una nevada incipiente, de muy distinta manera: como siempre le vi y percibí, innegociable e indómito, un lobito bueno al que maltrataron todos los corderos, noble en un bosque de fieras, incapaz de integrarse entre las bestias... Pura catarsis para mí en un día así, que le debo a mi colega Carlos, esa forma de cambiar mi punto de encaje, como nos enseñó Castaneda, ese modo de volver sobre la nieve a ver a David: Milagro de la Rosa...

No es pecado engañar al demonio.
Daniel Defoe

Epílogo

tú que eres como yo adorador de nadie
Leopoldo María Panero

Hace tiempo dejé de ser alguien de fiar. Me lo hizo saber un tipo que editaba palabras, las ponía un precio y luego las vendía en un mercado. Rememoro aquel comentario —el personaje no viene a cuento— hoy que Vicente Muñoz Álvarez me convoca alrededor de un nuevo libro suyo. A fiarme una vez más sus poemas. Además, me pide que comente algo sobre ellos. Y a mí, que nunca aparto la mirada a los que considero amigos, también me apetece reafirmarme en mis afectos.

A su poemario lo ha llamado *La poesía es un arma que carga el diablo.* Lo leo y de nuevo sus poemas, como balas, vuelven a encajar en un revólver contundente: otro alegato de honestidad. No mentir, no engañar, no hacer trampa, ese siempre ha sido el compromiso literario y personal, marca de la casa, de él. Lo subrayo: se apuntala desde la primera página, donde ya alude a la memoria del poeta asturiano David González, sinónimo de franqueza y amigo común. O en la parte final del libro, en el poema dedicado al editor oriundo de la Argentina, también colega nuestro, Rodrigo Córdoba (otro ejemplo de transparencia). Ambos fallecidos lamentablemente durante el proceso de escritura de este libro.

Un libro que podremos ubicar, si se quiere, como pandémico, pero también post-pandémico. Pasado y presente, donde el poeta ha podido volcar el poso de la rabia de ese tiempo como quien colma de agua un abrevadero.

En cuanto a Vicente -o sus heridas- yo quería insistir en un apunte más: cicatrizar cicatrizan bien, si me atengo a que en su conjunto, en los textos, no hay condescendencia alguna, más bien lo contrario. Identifica al enemigo, con entereza apunta y dispara sin contemplaciones.

Ahora, que sea la sed de la jauría la que siga el rastro de la tinta.

Gsús Bonilla, febrero 2023,
mientras celebro y brindo
por la palabra amistad.

Índice